L'ARBRE AUX ACCENTS
Des livres qui parlent en deux langues

Cette collection propose
trois livres par pays :
cuisine, contes,
nouvelles contemporaines.

Les premiers triptyques
concernent
le Pérou, la Grande-Bretagne,
l'Iran, l'URSS, l'Allemagne,
la Pologne, le Viêt-nam...

Nous voulons remercier ici la Fondation pour le Progrès de l'Homme
sans qui ce projet n'aurait jamais vu le jour.

Collection animée par l'association
des Amis de l'Arbre à Livres.

L'ARBRE AUX ACCENTS
BILINGUE

Illustrations: Isabelle Forestier

Traduction: Joséphine de Linde

APPRENEZ À RÊVER EN DIX LEÇONS FACILES

LEARNING TO DREAM IN TEN EASY LESSONS

Texte: Henri Gougaud

*

LE CHIEN DU SOIR

THE EVENING DOG

LES OISEAUX DU POINT DU JOUR

BIRDS AT THE BREAK OF DAY

Texte: Claude Clément

SYROS
ALTERNATIVES

Learning to dream in ten easy lessons

One misty, drizzly night, at the angle of the Quai de Conti and the rue Dauphine in Paris, someone was lying in wait for a young man called Benjamin Pluton, whose steps rang out clearly on the deserted pavement. He did not know he was expected. He did not know that his life that evening was to change for ever, passing far beyond the realities of daily life into the secret land of active dreamers. And yet, Benjamin Pluton was one of those reasonable passionate people who, out of an irrational fear they were reluctant to admit, would normally despise explorers of the immaterial. He was a student physicist, sporty and generous by nature, even though somewhat encumbered by that excessive self-confidence often found in young graduates. He went into the soggy night, his fists in the pockets of his raincoat, his forehead lined with wrinkles.

Apprenez à rêver en dix leçons faciles

Une nuit de brume et de bruine, à l'angle du quai de Conti et de la rue Dauphine, à Paris, quelqu'un guette un jeune homme nommé Benjamin Pluton, dont le pas sonne ferme sur le trottoir désert. Il ne sait pas qu'il est attendu. Il ignore encore que sa vie, ce soir, va pour longtemps se perdre, au-delà de la vie solide, dans le secret pays des rêveurs militants. Pourtant, Benjamin Pluton est de ces passionnés raisonnables qui d'ordinaire méprisent, non sans effroi inavouable, les explorateurs de brouillard. Il est étudiant physicien, sportif et volontiers généreux, quoiqu'un peu encombré de cette vanité enthousiaste qui affecte souvent les jeunes diplômés. Il va dans la nuit mouillée, les poings aux poches de sa gabardine, le front barré de lignes parallèles.

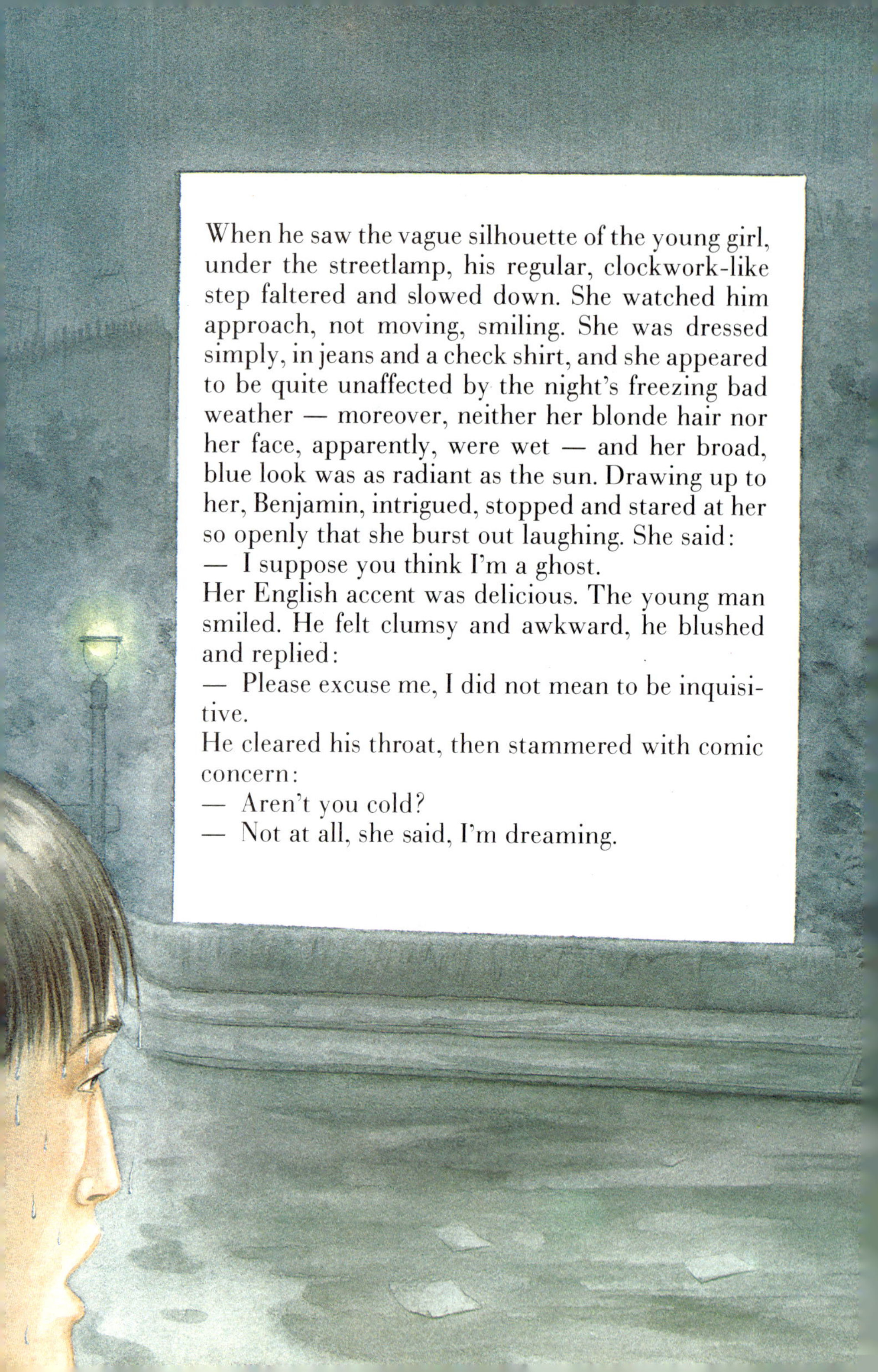

When he saw the vague silhouette of the young girl, under the streetlamp, his regular, clockwork-like step faltered and slowed down. She watched him approach, not moving, smiling. She was dressed simply, in jeans and a check shirt, and she appeared to be quite unaffected by the night's freezing bad weather — moreover, neither her blonde hair nor her face, apparently, were wet — and her broad, blue look was as radiant as the sun. Drawing up to her, Benjamin, intrigued, stopped and stared at her so openly that she burst out laughing. She said:

— I suppose you think I'm a ghost.

Her English accent was delicious. The young man smiled. He felt clumsy and awkward, he blushed and replied:

— Please excuse me, I did not mean to be inquisitive.

He cleared his throat, then stammered with comic concern:

— Aren't you cold?

— Not at all, she said, I'm dreaming.

Quand il aperçoit la silhouette indécise de la jeune fille, sous un réverbère, son pas d'une régularité pendulaire hésite et ralentit. Elle le regarde venir, immobile, souriante. Elle est simplement vêtue d'un jean et d'une chemise écossaise, elle ne semble absolument pas affectée par les glaciales intempéries nocturnes — d'ailleurs ni sa chevelure blonde ni son visage, apparemment, ne sont humides —, et son immense regard bleu respire le soleil. Parvenu à sa hauteur, Benjamin, intrigué, s'arrête et l'examine avec une franchise tellement ahurie qu'elle éclate de rire. Elle dit :

— Je parie que vous me prenez pour un fantôme.

Son accent anglais est délicieux. Le jeune homme sourit, il se sent maladroit et gauche, une bouffée de chaleur envahit son visage. Il répond :

— Excusez-moi, je ne voulais pas être indiscret.

Il se racle la gorge, il bafouille avec une sollicitude comique :

— Vous n'avez pas froid?

— Pas du tout, dit-elle, puisque je rêve.

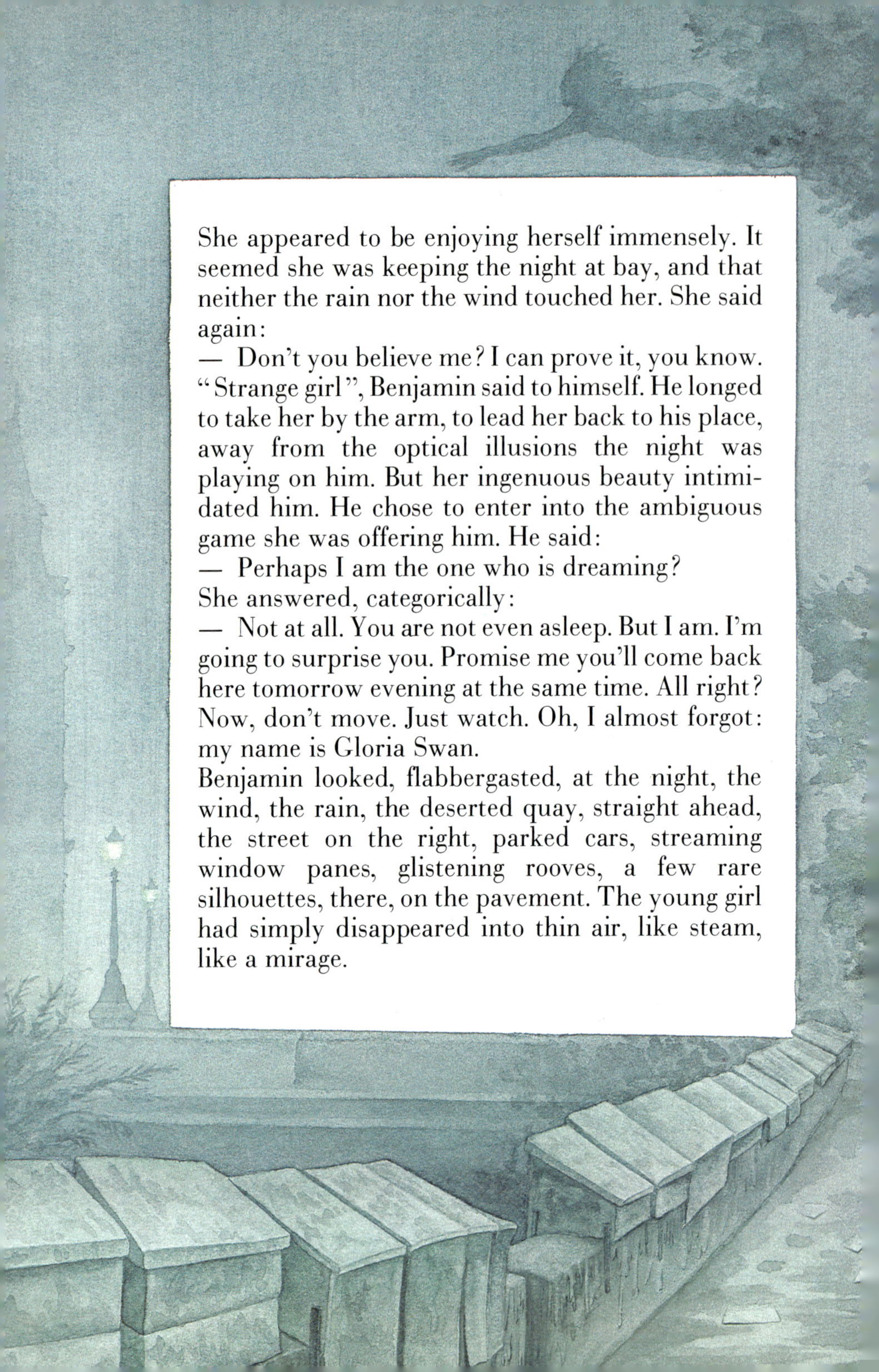

She appeared to be enjoying herself immensely. It seemed she was keeping the night at bay, and that neither the rain nor the wind touched her. She said again:

— Don't you believe me? I can prove it, you know.

"Strange girl", Benjamin said to himself. He longed to take her by the arm, to lead her back to his place, away from the optical illusions the night was playing on him. But her ingenuous beauty intimidated him. He chose to enter into the ambiguous game she was offering him. He said:

— Perhaps I am the one who is dreaming?

She answered, categorically:

— Not at all. You are not even asleep. But I am. I'm going to surprise you. Promise me you'll come back here tomorrow evening at the same time. All right? Now, don't move. Just watch. Oh, I almost forgot: my name is Gloria Swan.

Benjamin looked, flabbergasted, at the night, the wind, the rain, the deserted quay, straight ahead, the street on the right, parked cars, streaming window panes, glistening rooves, a few rare silhouettes, there, on the pavement. The young girl had simply disappeared into thin air, like steam, like a mirage.

Elle semble s'amuser beaucoup. On dirait qu'elle tient la nuit à distance, et que ni la pluie ni le vent ne l'effleurent. Elle dit encore :

— Vous ne me croyez pas ? Je peux le prouver, vous savez.

« Drôle de fille », se dit Benjamin. Il a envie de la prendre par le bras, de l'entraîner chez lui, à l'abri des trompe-l'œil nocturnes. Mais sa trop simple beauté l'intimide. Il choisit d'entrer dans le jeu ambigu qu'elle lui propose. Il dit :

— Peut-être est-ce moi qui rêve ?

Elle répond, catégorique :

— Pas du tout. Vous n'êtes pas quelque part endormi, vous. Moi, oui. Je vais vous faire une surprise. Promettez-moi de revenir ici demain soir à la même heure. D'accord ? Maintenant, ne bougez plus. Regardez. Oh, j'oubliais : je m'appelle Gloria Swan.

Benjamin regarde, bouche bée, la nuit, le vent, la pluie, le quai désert, droit devant, la rue à droite, les voitures en stationnement, aux vitres ruisselantes, aux toits luisants, quelques rares silhouettes, là-bas, sur le trottoir . La jeune fille a disparu. Elle s'est évaporée, tout simplement, comme une buée, comme un mirage.

The next day, Benjamin Pluton, feverish and silent, could not bring himself to recount his adventure, for fear of being scoffed at. When evening came, as if setting out to attend a secret ceremony, he walked along the quay, his heart beating. The regular clicking of his steps reassured him. He tried to persuade himself that yesterday, his imagination had played tricks on him. "I am going to check up", he said to himself with touching determination. "Verify as a scientist would." However, he both hoped for and dreaded the disturbing apparition of Gloria Swan. Having reached the meeting place, he cast a furtive glance, right, then left. No one. But he was very early. He turned into the rue Dauphine, engrossed in looking at the shop windows, caught his own reflection and decided he looked ugly, pale, sickly. He retraced his steps. At the angle of the quay, Gloria emerged from the shadows, dressed, this evening, all in blue. She said:

— Good evening.

For a moment, Benjamin was petrified, then a tremendous happiness exploded within him and overwhelmed him. He laughed, he trembled, he mumbled:

— You've come back? But how is it possible?

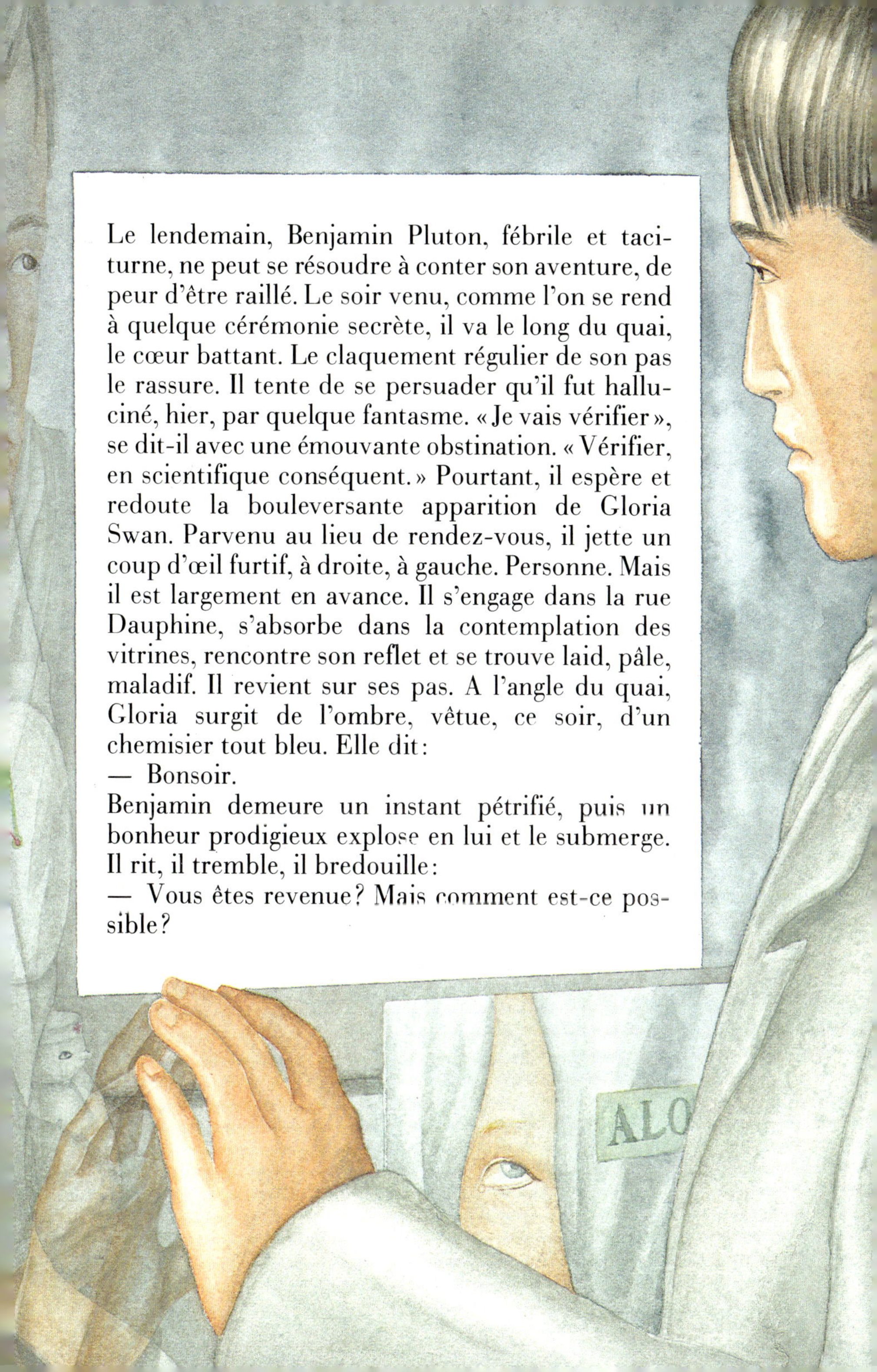

Le lendemain, Benjamin Pluton, fébrile et taciturne, ne peut se résoudre à conter son aventure, de peur d'être raillé. Le soir venu, comme l'on se rend à quelque cérémonie secrète, il va le long du quai, le cœur battant. Le claquement régulier de son pas le rassure. Il tente de se persuader qu'il fut halluciné, hier, par quelque fantasme. « Je vais vérifier », se dit-il avec une émouvante obstination. « Vérifier, en scientifique conséquent. » Pourtant, il espère et redoute la bouleversante apparition de Gloria Swan. Parvenu au lieu de rendez-vous, il jette un coup d'œil furtif, à droite, à gauche. Personne. Mais il est largement en avance. Il s'engage dans la rue Dauphine, s'absorbe dans la contemplation des vitrines, rencontre son reflet et se trouve laid, pâle, maladif. Il revient sur ses pas. A l'angle du quai, Gloria surgit de l'ombre, vêtue, ce soir, d'un chemisier tout bleu. Elle dit :

— Bonsoir.

Benjamin demeure un instant pétrifié, puis un bonheur prodigieux explose en lui et le submerge. Il rit, il tremble, il bredouille :

— Vous êtes revenue ? Mais comment est-ce possible ?

— Let's walk, she said.
She led him along the quay, but he did not feel the weight of her hand on his arm.
— This is an incredible night for me, said Benjamin.
He was speaking very loudly, quite overjoyed. Gloria's cheeks were rosy and her eyes sparkled.
— Calm down, she said, I am going to explain to you.
She had almost said: "I love you." She continued:
— I know how to leave my sleeping body. I will teach you, it's easy. At this very moment, I am asleep in my bed, in Stanford, in England. And I am here too. And I can go where I like. That's all.
— Marry me, said Benjamin. Please. I want to live with you.
Gloria looked at him, her eyes misted over.
— You are wonderful, she said.
And she vanished. On the empty pavement a lost sheep drifted away.

— Allons nous promener, dit-elle.
Elle l'entraîne le long du quai, mais il ne sent pas le poids de sa main sur son bras.
— Je vis une nuit prodigieuse, dit Benjamin.
Il parle très fort, tout exalté. Les joues de Gloria sont rosées et ses yeux brillent.
— Calme-toi, dit-elle. Je vais t'expliquer.
Elle a presque dit: « Je t'aime. » Elle explique:
— Je sais sortir de mon corps endormi. Je t'apprendrai, c'est facile. En ce moment, je suis couchée dans mon lit, à Stanford, en Angleterre. Et je suis ici aussi. Et je peux aller où je veux. Voilà.
— Épouse-moi, dit Benjamin. Je t'en prie, je veux vivre avec toi.
Alors Gloria le regarde, ses yeux s'embrument.
— Tu es merveilleux, dit-elle.
Et elle disparaît. Sur le trottoir désert, un enfant perdu part à la dérive.

Gloria did not turn up the next day. Nights and weeks passed, still she did not return. Then Benjamin, who was now possessed by the faith of one madly in love, decided to go and look for her in Stanford. He left one morning, taking no luggage with him. At the end of the afternoon, in the station of the small, grey town, he found a telephone directory. He looked for Swan. He found. Half an hour later, a taxi set him down in front of the garden of a small red-brick villa. His heart thumping, he climbed the three steps leading to the entrance. He rang the bell. He waited. The door opened. A woman of about fifty appeared on the doorstep, her head bristling with haircurlers.

— I would like to see Gloria, he said, Gloria Swan.

She hesitated a little, seemed surprised. She said:

— Come in.

She went ahead of him down a long corridor smelling pleasantly of wax polish. She stopped before the glass-panelled door of a tiny sitting room. She said:

— Aunt Gloria, you have a visitor.

Le lendemain, Gloria n'est pas au rendez-vous. Passent les nuits et les semaines, elle ne revient plus. Alors Benjamin, que la foi des amoureux fous habite désormais, décide d'aller la chercher à Stanford, en Angleterre. Il part un matin, sans bagages. En fin d'après-midi, dans la gare de la petite ville grise, il déniche un annuaire. Il cherche Swan. Il trouve. Une demi-heure plus tard, un taxi le dépose devant le jardinet d'un petit pavillon de briques rouges. Le cœur tonnant, il gravit les trois marches du perron. Il sonne. Il attend. La porte s'ouvre. Une femme d'une cinquantaine d'années apparaît sur le seuil, la tête hérissée de bigoudis.

— Je voudrais voir Gloria, dit-il. Gloria Swan.

Elle hésite un peu, elle semble étonnée. Elle dit :

— Entrez.

Elle le précède le long du couloir qui sent bon l'encaustique, elle s'efface devant la porte vitrée d'un salon minuscule. Elle dit :

— Tante Gloria, vous avez de la visite.

Sunk in an armchair that was too large for her, in front of the fireplace, an old, old woman put her knitting down on her knees and murmured, a very sad smile in her clear blue eyes:
— Oh Benjamin, why have you come?
— Gloria? he asked.
He felt close to tears.
— Marjorie, said the old woman, please would you leave us together?
Mrs Hair-in-curlers went off shrugging her shoulders. Benjamin sat down facing the large armchair.
— I will explain, said Gloria.
They looked at one another. Then they both burst out into uncontrolled laughter.
— It's no good, said the young man. I saw you as you see yourself in dreams, isn't that it?
She replied, seeming to be deeply offended:
— Far from it. You saw me as I was when a girl of eighteen. One can choose any age for travelling.
— Teach me, said Benjamin. And promise me you'll come back.

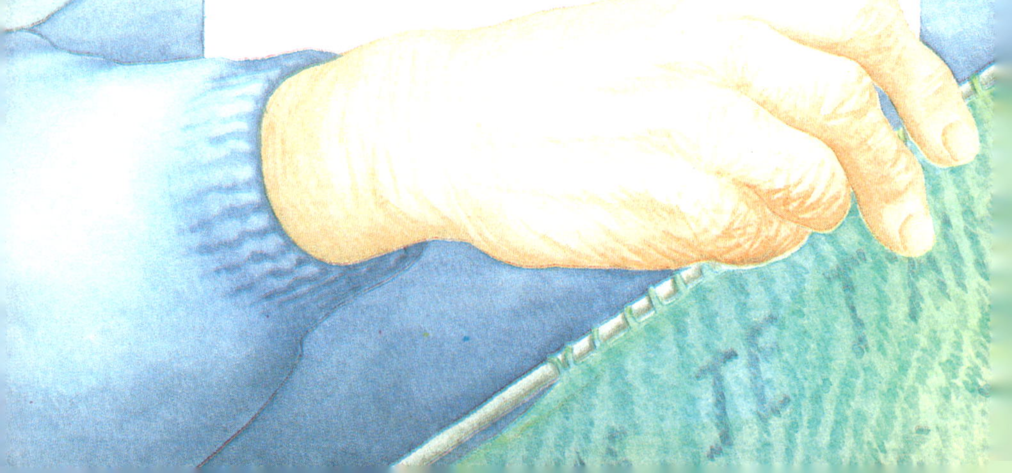

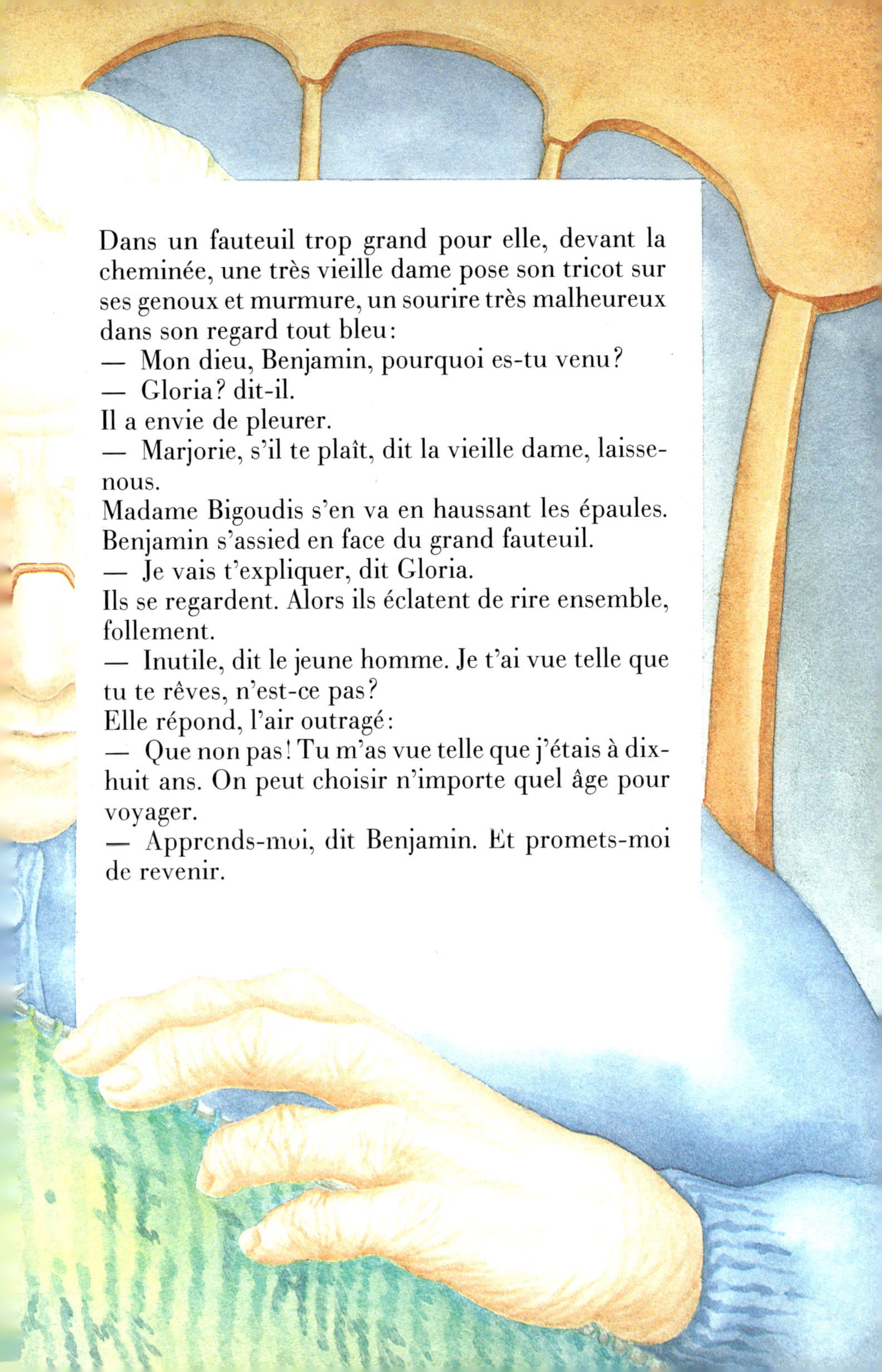

Dans un fauteuil trop grand pour elle, devant la cheminée, une très vieille dame pose son tricot sur ses genoux et murmure, un sourire très malheureux dans son regard tout bleu :

— Mon dieu, Benjamin, pourquoi es-tu venu ?

— Gloria ? dit-il.

Il a envie de pleurer.

— Marjorie, s'il te plaît, dit la vieille dame, laisse-nous.

Madame Bigoudis s'en va en haussant les épaules. Benjamin s'assied en face du grand fauteuil.

— Je vais t'expliquer, dit Gloria.

Ils se regardent. Alors ils éclatent de rire ensemble, follement.

— Inutile, dit le jeune homme. Je t'ai vue telle que tu te rêves, n'est-ce pas ?

Elle répond, l'air outragé :

— Que non pas ! Tu m'as vue telle que j'étais à dix-huit ans. On peut choisir n'importe quel âge pour voyager.

— Apprends-moi, dit Benjamin. Et promets-moi de revenir.

A week later, at the angle of the rue Dauphine and the Quai de Conti, at midnight, Gloria Swan, enveloped in a blue shawl, peering over her glasses, saw coming towards her an old man with a halo of white hair, wearing a jacket buttoned over what little remained of a body — an old man the rain hardly seemed to touch at all.

— Good evening, Benjamin, she said.

Benjamin smiled at her, the soothing fire of a love that would last for ever burning in his eyes.

Sept jours plus tard, à l'angle de la rue Dauphine et du quai de Conti, à minuit, Gloria Swan, enveloppée dans un fichu de tricot bleu, par-dessus ses lunettes regarde venir vers elle un vieillard auréolé de cheveux blancs, vêtu d'une veste boutonnée sur presque plus de corps — un vieillard que la pluie ne semble même pas effleurer.

— Bonsoir, Benjamin, dit-elle.

Benjamin lui sourit, et dans ses yeux brûle le feu paisible des amoureux définitifs.

The evening dog

The sun began to sketch impalpable traces of gold on the leaves. For one whole hour, I had been listening to Aunt Sonia hold forth before a passive audience.

She spoke without pausing for comma or full stop of the forthcoming marriage of her daughter of the outfit she would wear for the occasion of the people she would invite and those she would not invite of the place the young couple would go to on their honeymoon of the situation her future son-in-law had of the list of wedding presents of grandmother who could not attend because of the arthritis in her hip of her godson who after university would try for ENA* of her recipe for chicken liver pâté of the necklace from Cartier she had lost in the toilets of a restaurant...

I listened with exasperation and kindness. Aunt Sonia had had a hard life. The rule was to commiserate. But, no longer able to put up with the fact that, since lunch, there had not been a minute's silence, I slipped away.

Le chien du soir

Le soleil commençait à dessiner les feuilles d'un impalpable trait d'or pâle. Depuis une heure, déjà, j'écoutais tante Sonia pérorer devant un auditoire passivement attentif.

Elle parlait sans point ni virgule du prochain mariage de sa fille du tailleur qu'elle mettrait à cette occasion des gens qu'elle inviterait et de ceux qu'elle n'inviterait pas de l'endroit où les jeunes époux iraient en voyage de noces de la situation de son futur gendre de la liste des cadeaux de la grand-mère qui ne pourrait pas venir à cause de son arthrose de la hanche de son filleul qui après Sciences-Po présenterait l'ENA de sa recette de pâté de foies de volailles de la chaîne de chez Cartier qu'elle avait perdue dans les toilettes d'un restaurant...

Je l'écoutais avec exaspération et bienveillance. Tante Sonia avait eu bien des malheurs. La règle était de compatir. Mais, ne pouvant plus supporter qu'il n'y eût, depuis le déjeuner, la moindre marge de silence, je m'éclipsai.

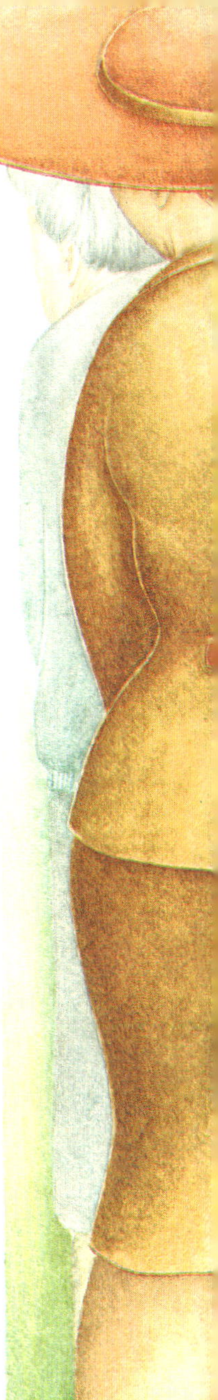

I passed by the kitchen for a glass of water on the way to the garage to collect my bicycle. I came across my father there, busy parading up and down in front of Katherine Weber, the most recent trainee in his advertising agency. He was giving her a private lesson, of the kind I had already endured, analysing for this falsely ingenuous audience the thousand and one ways of becoming a world famous professional. I could have repeated each one of his sentences. He was surprisingly convincing at it. Miss Weber's breasts were without doubt no stranger to such ardour... I had noticed them during the meal. They bounced gently, free, under an ample, flowing, spotless T-shirt. I had wanted to touch them over the garden table. But I was me! And I had held back my gesture just as I hold back my words. No one knew that I would not take over from my father, nor would I sit for a degree, ENA, or any other diploma in business or communication studies. I wanted to be a poet. At school, I only worked to have some peace. I swallowed maths, physics, economics, as others gulp down adverts, through being bombarded, until one got indigestion. For pleasure, almost in secret, I read Maeterlinck, Villiers de l'Isle-Adam, Ronsard, Apollinaire, as if they were something forbidden. One day, by chance, by taste, or as a challenge, I had cast slang,

Avant de prendre mon vélo, dans le garage, je passai par la cuisine afin d'y boire un verre d'eau. J'y surpris mon père, en train de parader devant Katherine Weber, la plus récente stagiaire de son agence de publicité. Il lui donnait un cours privé, comme il m'en avait déjà assené, décortiquant pour ce public faussement candide les mille et une manières de devenir un professionnel de grand renom. J'aurais pu réciter chacune de ses phrases. Il y mettait d'ailleurs une conviction étonnante. Les seins de Mademoiselle Weber n'étaient sans doute pas étrangers à cette fougue... Je les avais repérés au cours du repas. Ils ballottaient doucement, libres, sous un ample T-shirt souple, immaculé. J'avais eu envie d'y porter la main par-dessus la table de jardin. Mais moi, c'était moi. Et j'avais retenu mon geste comme je retiens mes mots. Personne ne saurait que je ne succéderais pas à mon père, pas plus que je n'intégrerais Sciences-Po, ni l'ENA, ni une école de commerce ou de communication. Je voulais être poète. Au lycée, je travaillais pour avoir la paix. J'avalais maths, physique, économie, comme d'autres ingurgitent les spots publicitaires, à force de matraquage, jusqu'à l'indigestion. Pour le plaisir, presque en secret, je lisais Maeterlinck, Villiers de l'Isle-Adam, Ronsard, Apollinaire, comme s'il se fut agi de choses prohibées. Un jour,

gym shoes and torn jeans out of my life. Neither revolutionary nor conservative, I simply wanted to be me. And it was not as easy as all that...
So I peddled off, my head full of unformulated, confused ideas. The picture of my mother came back to me often, set against the light, on the road. I saw her at her easel, pursuing an invisible path among the visible images she had just left, unsatisfied, to go and carry out some more down-to-earth task: bath my little sister, prepare a dinner for fifteen people, listen on the phone to the complaints of a distant acquaintance, look for my father's keys... I loved her, without understanding her, with distance, that figure as strange as she was familiar, vaguely symbolic. I often thought of her in the form of a statue, subjugating and icy. Like the Venus de Milo, or the Victory of Samothrace, she sometimes lacked arms — that did not encircle me in their tepid embrace —, or a head, from which I was absent. Suddenly, I saw blood spurting from these mutilations. A blood that burned. Hers. Mine. That which had nourished me in her womb. I had a grudge against her for having banished me from the forbidden world of her dreams...

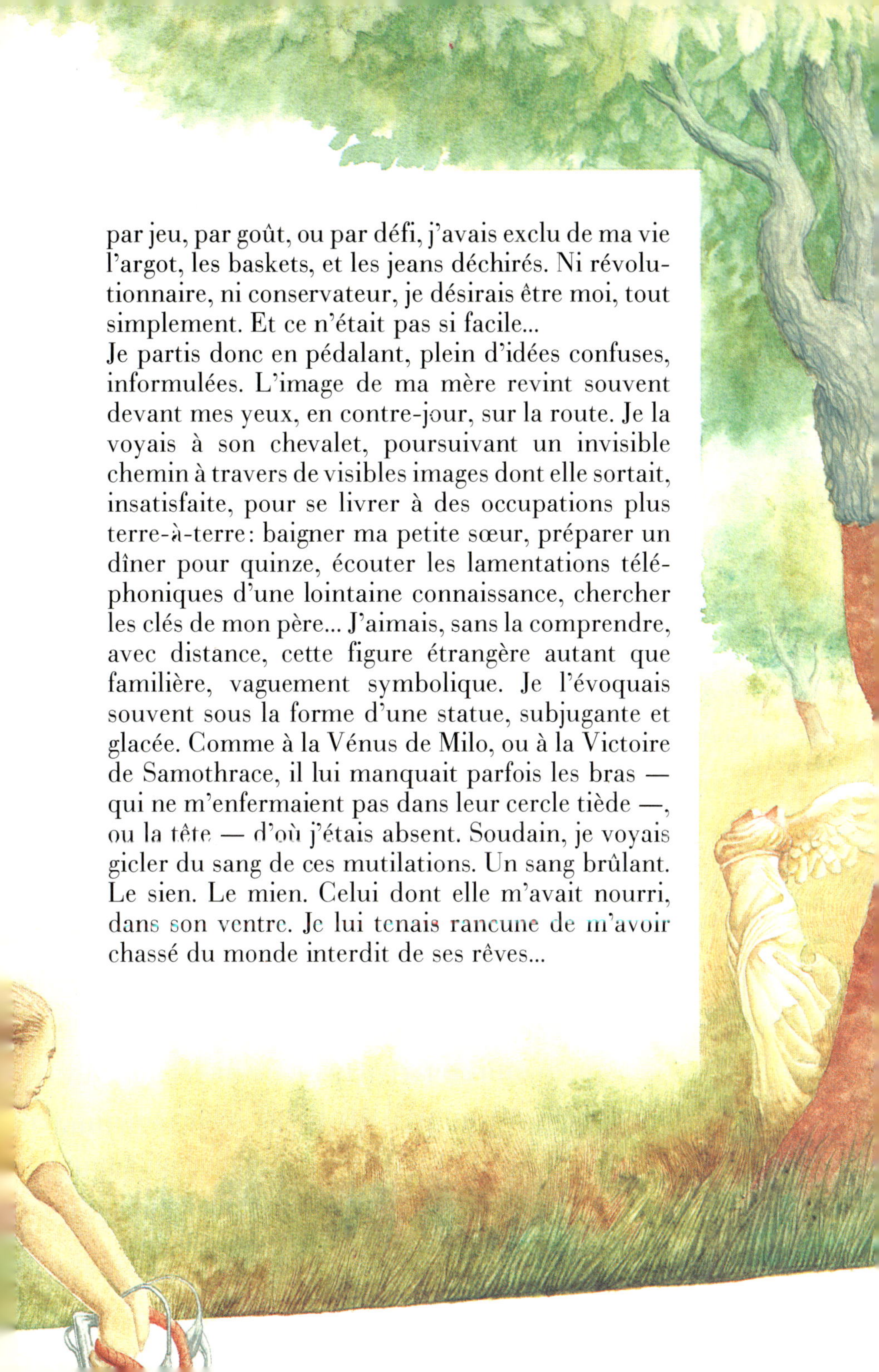

par jeu, par goût, ou par défi, j'avais exclu de ma vie l'argot, les baskets, et les jeans déchirés. Ni révolutionnaire, ni conservateur, je désirais être moi, tout simplement. Et ce n'était pas si facile...
Je partis donc en pédalant, plein d'idées confuses, informulées. L'image de ma mère revint souvent devant mes yeux, en contre-jour, sur la route. Je la voyais à son chevalet, poursuivant un invisible chemin à travers de visibles images dont elle sortait, insatisfaite, pour se livrer à des occupations plus terre-à-terre: baigner ma petite sœur, préparer un dîner pour quinze, écouter les lamentations téléphoniques d'une lointaine connaissance, chercher les clés de mon père... J'aimais, sans la comprendre, avec distance, cette figure étrangère autant que familière, vaguement symbolique. Je l'évoquais souvent sous la forme d'une statue, subjugante et glacée. Comme à la Vénus de Milo, ou à la Victoire de Samothrace, il lui manquait parfois les bras — qui ne m'enfermaient pas dans leur cercle tiède —, ou la tête — d'où j'étais absent. Soudain, je voyais gicler du sang de ces mutilations. Un sang brûlant. Le sien. Le mien. Celui dont elle m'avait nourri, dans son ventre. Je lui tenais rancune de m'avoir chassé du monde interdit de ses rêves...

I liked to go down the coast which for several metres skirted the river. It looked over an empty meadow, filled with a confusion of plants which varied according to the seasons, and even from one Sunday to another. If I was lucky, I might see a couple of swans where the water, clogged up with weeds and silt, flowed more slowly.
I hesitated about doing an about-turn and going another way. The sand quarry lake was nearer. It was a place I sometimes loved to go to, as night was falling. But just now, I was thinking of fishermen, of the walkers returning late on this Sunday that lingered on in out-of-season fine weather. So I continued to follow the valley, every detail of which I knew and was for ever rediscovering.
At the end, I reached a village whose chapel had once enveloped me, in a bubble of eternity. What I liked about this place was the quality of the silence. But today, I found the doors closed. Everything gets stolen from churches: statues, chairs, old missals, and even those fragile minutes, when nothing happens, nothing is said. Vaguely disappointed, I took my bike that had been leaning against the stone wall.

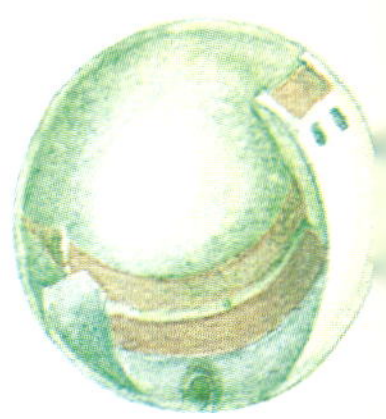

J'aimais bien descendre la côte qui longe, à quelques dizaines de mètres, la rivière. Elle dominait un pré vacant, peuplé de plantes désordonnées qui variaient selon les saisons, et même d'un dimanche à l'autre. Les jours de chance, j'apercevais un couple de cygnes à l'endroit où l'eau ralentit, encombrée d'herbes et de limon.
J'hésitai à faire demi-tour et à changer d'itinéraire. L'étang des sablonnières était plus proche. Un lieu où j'accédais avec délices, quelquefois, au seuil de la nuit. Mais à présent, je songeai aux pêcheurs, aux promeneurs attardés qui devaient encore flâner, en ce dimanche prolongé par un beau temps hors de saison. Et je suivis donc la vallée, connue dans les moindres détails et sans cesse redécouverte.
Au bout, j'atteignis un bourg dont la chapelle m'avait accueilli, une fois, dans une bulle d'éternité. Ce qui me plaisait en ce lieu, c'était la qualité du silence. Mais aujourd'hui, je trouvai porte close. On vole tout dans les églises : les statuettes, les chaises, les vieux livres de messe, et même ces minutes fragiles où rien ne se passe, où rien n'est dit. Confusément déçu, je repris mon vélo contre le mur de pierre.

As I left, I passed a dog. I was afraid he was going to bite my ankle or leg as had already happened before in similar circumstances. But he went on his way without even taking any notice of me. At the sharp angle of two paths, he went his way, and I went mine. I went along a sweeping plain where the wheat, just out of the earth, was an exquisite green colour. Then I cut across a field of rape. I breathed, "free as air". Only the nicely rounded breasts of the trainee came to mind at times before the curve of two hills, in the mugginess of the valley. After having circled around a large deserted château, I was back on the main road. There, suddenly appearing out of a ditch was the stray dog. And I realised that he had been abandoned deliberately, probably pushed out of an anonymous car that sped off to the nearest town.

He seemed to be distressed to the point of exhaustion. I peddled on. He followed me. I spoke to him. He looked at me and fixed his muzzle on my mudguard. I had the idea of taking him to the place where the road comes closest to the river, so that he could quench his thirst. Perhaps he guessed, for he trotted along bravely, his tongue hanging out. It was further than I remembered. It took us quite some time to arrive in the village where the panting animal cautiously lapped up the fresh water from the stream.

En repartant, je croisai un chien. Je craignis qu'il ne me mordît à la cheville ou au mollet comme ce fut une fois le cas en de semblables circonstances. Mais il passa son chemin sans même me prêter attention. A l'angle aigu de deux sentiers, il prit sa route, et moi la mienne. Je longeai une étendue plane où du blé d'un vert exquis sortait à peine de terre. Puis je passai en diagonale au milieu d'un champ de colza. Je respirai, libre de « tous ». Seuls, les seins replets de la stagiaire me venaient parfois à l'esprit devant la courbe de deux collines, dans la moiteur de la vallée. Après avoir décrit un cercle autour d'un grand château désert, je regagnai la route principale. Là, surgissant d'un fossé, le chien errant me rejoignit. Et je compris qu'il avait dû être abandonné à dessein, sans doute chassé d'une voiture anonyme repartie en trombe vers la ville la plus proche.

Il avait l'air désemparé et au bord de l'épuisement. Je pédalai. Il me suivit. Je lui parlai. Il me regarda et colla son museau à mon garde-boue. J'avais projet de l'entraîner à l'endroit où la route borde la rivière au plus près, afin qu'il puisse se désaltérer. Peut-être le devina-t-il car il trottina bravement, la langue pendante de soif. Le trajet était plus long qu'il ne m'en souvenait. Il nous fallut un certain temps pour arriver jusqu'au village où l'animal essoufflé lappa avec précaution l'eau fraîche du courant.

Having perked up, he shook himself, splashing me... I was angry, but laughed. He walked around a car, parked there, on the side of the road. He sniffed it, then put his legs against the windows and the bonnet. Not recognizing any smell, nor probably any other clue, he gave a long, plaintive, wavering moan...

I moved on again. He left to follow me.

Where a bridge crosses the road, I asked two men also on bicycles if they knew where the dog came from? Ask a stupid question and you'll get an evasive answer: they told me they had seen it wandering around, over there, around the chapel...

I peddled off again. He didn't allow himself to fall behind. I imagined his heart beating in his narrow chest, ready to explode. I slowed down. He moved away from my bike and walked on the white line, right in the middle of the road. I called him stupid, clot, poor hound, because cars were coming in both directions, at full speed. The first slowed down, the second braked noisily. Tyres screeched. Insults were hurled at me. When they drove off, I cast a sorry look at this dog that was taken to be mine. He looked back at me thoughtfully out of his circumflex eyes, confident, and followed me obstinately.

Ragaillardi, il s'ébroua, m'éclaboussa... Je me fâchai, mais en riant. Il tourna autour d'une auto, garée là, au bord du chemin. Il la flaira, posa les pattes contre les vitres et le capot. Ne reconnaissant ni l'odeur, ni sans doute aucun autre indice, il poussa un gémissement long, plaintif, modulé...

Je repartis. Il me suivit encore.

Au croisement d'un pont et de la route, j'interrogeai deux hommes également à bicyclette. Savaient-ils d'où venait ce chien? A question stupide, réponse évasive : ils me dirent l'avoir vu errer, là-bas, autour de la chapelle...

Je pédalai encore. Il ne se laissa pas distancer. J'imaginai son cœur battant dans sa poitrine étroite, prête à exploser. Je ralentis. Il s'écarta de mon vélo et trotta sur la ligne blanche, juste au milieu de la route. Je le traitai d'imbécile, de corniaud, de pauvre clebs, car des voitures arrivaient dans les deux sens, à toute allure. La première ralentit. La seconde freina bruyamment. Il y eut des grincements de pneus. J'entendis même des insultes. Quand elles redémarrèrent, je jetai un regard navré sur ce chien qu'on prenait pour le mien. Il me contemplait, confiant, de ses yeux circonflexes, et me suivait obstinément.

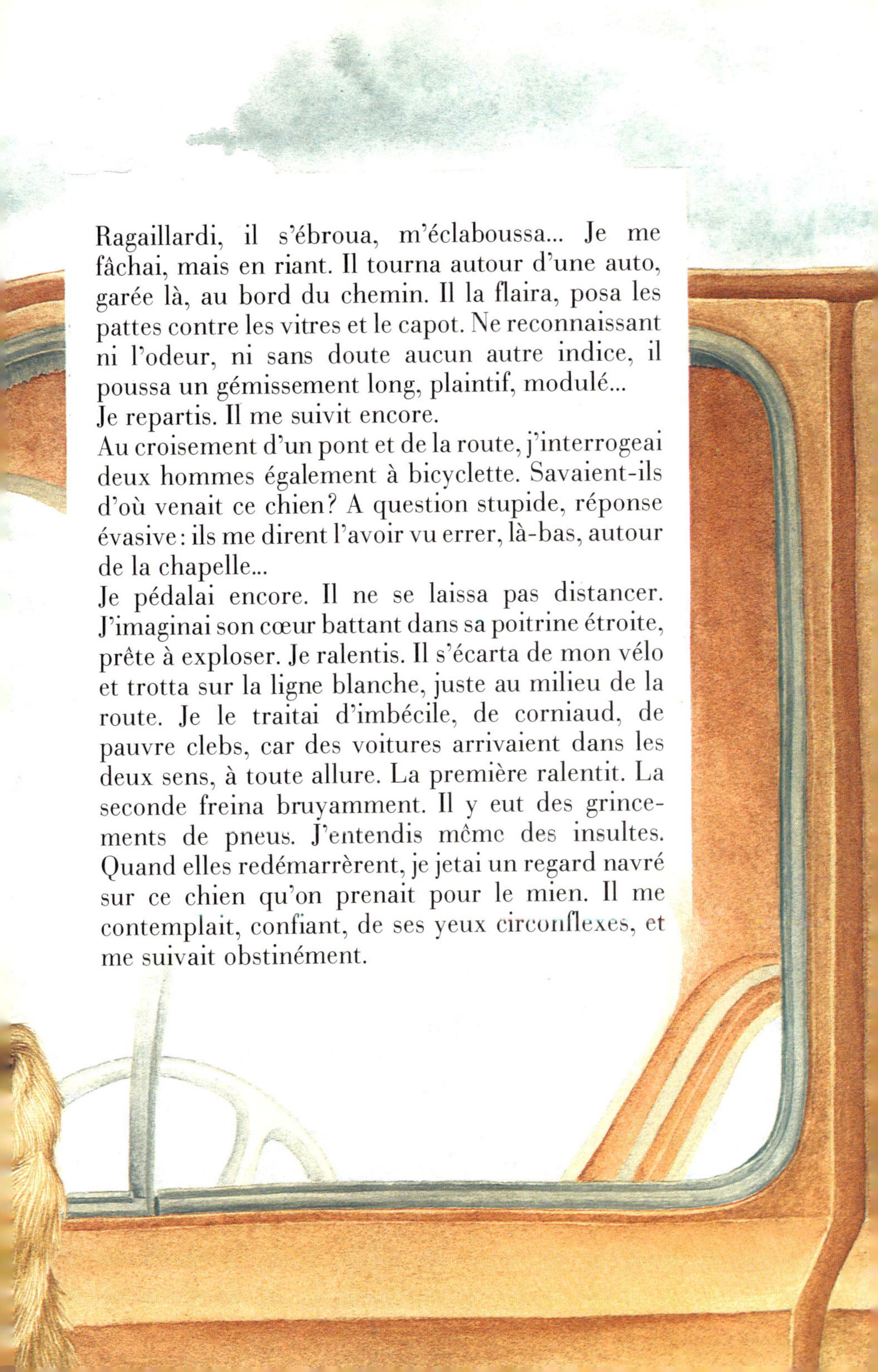

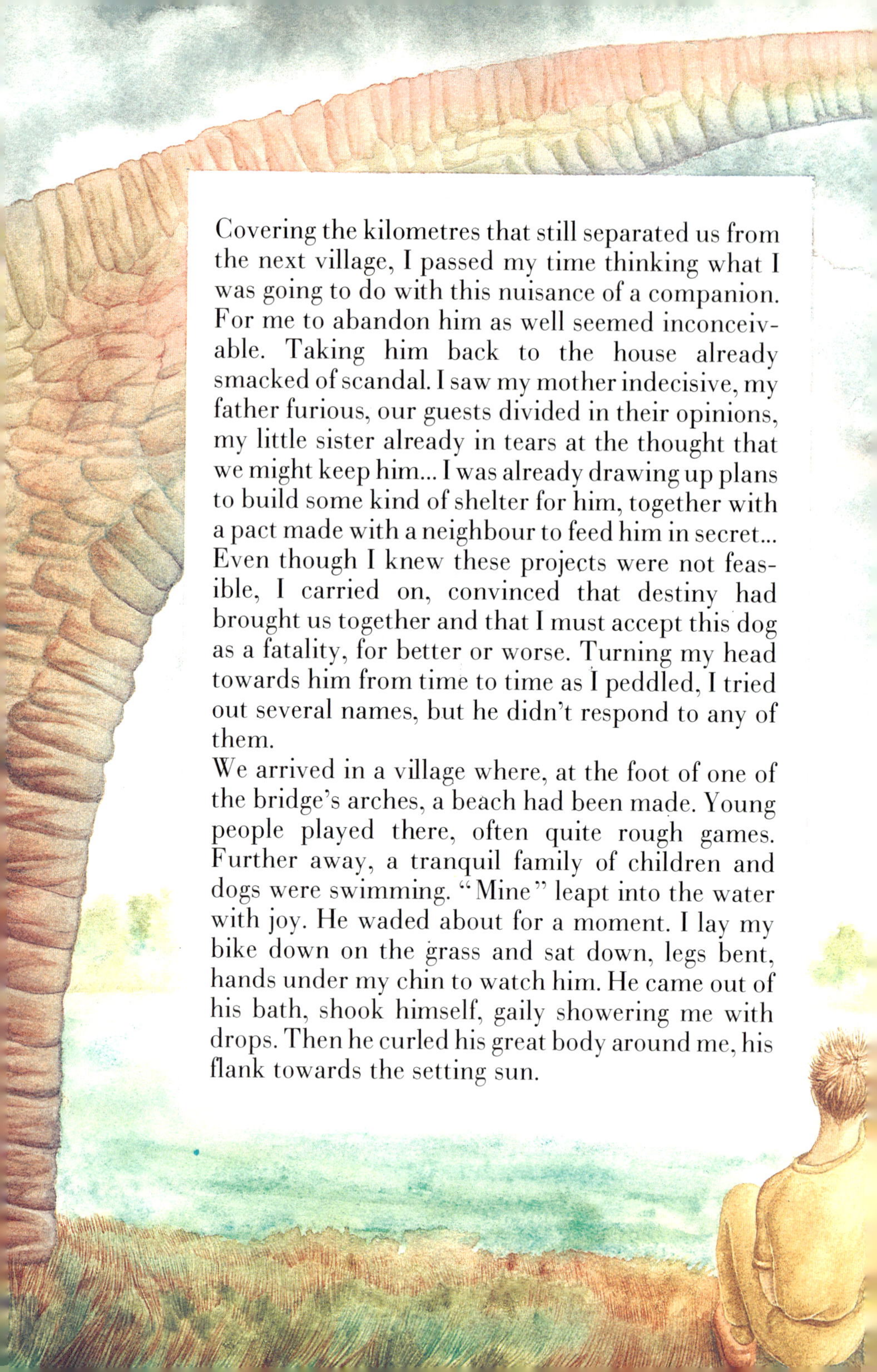

Covering the kilometres that still separated us from the next village, I passed my time thinking what I was going to do with this nuisance of a companion. For me to abandon him as well seemed inconceivable. Taking him back to the house already smacked of scandal. I saw my mother indecisive, my father furious, our guests divided in their opinions, my little sister already in tears at the thought that we might keep him... I was already drawing up plans to build some kind of shelter for him, together with a pact made with a neighbour to feed him in secret... Even though I knew these projects were not feasible, I carried on, convinced that destiny had brought us together and that I must accept this dog as a fatality, for better or worse. Turning my head towards him from time to time as I peddled, I tried out several names, but he didn't respond to any of them.

We arrived in a village where, at the foot of one of the bridge's arches, a beach had been made. Young people played there, often quite rough games. Further away, a tranquil family of children and dogs were swimming. "Mine" leapt into the water with joy. He waded about for a moment. I lay my bike down on the grass and sat down, legs bent, hands under my chin to watch him. He came out of his bath, shook himself, gaily showering me with drops. Then he curled his great body around me, his flank towards the setting sun.

Durant les kilomètres qui nous séparaient encore du village voisin, je passai mon temps à m'interroger sur ce que j'allais faire de cet encombrant compagnon. L'abandonner à mon tour me paraissait inconcevable. Le ramener à la maison fleurait déjà le scandale. Je voyais ma mère indécise, mon père furieux, nos invités se répandant en commentaires contradictoires, ma petite sœur conquise, déjà en larmes à l'idée que nous ne pourrions le garder... J'échafaudais des plans pour lui construire un abri, lier un pacte avec un voisin qui viendrait le nourrir en secret... Bien que sachant ces projets irréalisables, je continuai d'avancer, persuadé qu'un hasard programmé nous avait fait nous rencontrer et que je devais accepter ce chien comme une fatalité, qu'elle fût bonne ou mauvaise. Pédalant en tournant la tête vers lui de temps à autre, je lui essayai quelques noms dont aucun ne lui allait. Nous arrivâmes dans un village où, au pied de l'arche d'un pont, était aménagée une plage. Des jeunes gens s'y amusaient à des jeux assez brutaux. Plus loin, une paisible famille baignait ses enfants et ses chiens. Le « mien » sauta dans l'eau avec joie. Il y pataugea un instant. Je couchai mon vélo dans l'herbe et m'assis, genoux repliés, les mains croisées sous le menton, pour le regarder faire. Il sortit du bain, s'ébroua, m'éclaboussa avec gaîté. Puis il vint lover son grand corps autour de moi, le flanc vers le soleil couchant.

I stroked him, feeling I had known him for ever. The youngsters shouted and drove off, revving up their motorbikes and mopeds. I picked up my old bike again. The dog stood on his four legs and followed me, still trusting. We passed through hamlets where people smiled kindly at us, as we must have looked appealing, after all, me pedalling with my hair in the wind and he galloping behind. People like this kind of image which reminds them vaguely of a scene from a film. I didn't care. I was happy and almost certain now that I would defy all the arguments on earth to keep him.
Suddenly, as we were coming out of a place, guard dogs barked. My idiot of a dog stopped walking. I grumbled. It was late. Dinner was waiting for me and I would get ticked off. To bring in a dog would already be considered thoughtless. My lateness would be all the more reprehensible. I sensed interminable sermons. Aunt Sonia would predict heaps of problems for me. She would list for my mother, who would listen with an absent look, all the inconveniences of keeping an animal. If only he hadn't been so big! One couldn't even claim that he was handsome... My little sister would cry and I would have the right to a fleeting disapproving look from my mother.

Je le caressai avec le sentiment de l'avoir toujours connu. Les jeunes gens vociférèrent et partirent en pétaradant sur leurs motos et mobylettes. Je relevai mon vieux vélo. Le chien se dressa sur ses pattes et me suivit, toujours confiant. Nous traversâmes des hameaux où des gens nous adressèrent des sourires complaisants, car nous devions être sympathiques, après tout, moi pédalant cheveux au vent et lui galopant en arrière. Les gens aiment ce genre d'image qui leur rappelle confusément quelque scène de cinéma. Je m'en fichais. J'étais heureux et presque certain désormais que je saurais braver tous les arguments de la terre pour le garder.

Brusquement, au sortir d'un lieu-dit, des chiens de garde aboyèrent. Mon corniaud arrêta sa course. Je rouspétai. Il était tard. On m'attendait pour le dîner et j'allais me faire engueuler. Amener un chien frisait déjà l'inconscience. Mon retard n'en serait que plus réprimandable. Je pressentais d'interminables prêches. Tante Sonia me prédirait des tas d'ennuis. Elle énumérerait à ma mère, qui l'écouterait d'un air absent, les contraintes liées à la présence de l'animal. Si encore il n'avait pas été si grand ! On ne pouvait même pas me prêter l'excuse de l'avoir trouvé beau... Ma petite sœur pleurerait et j'aurais droit à l'attention fugitivement réprobatrice de ma mère.

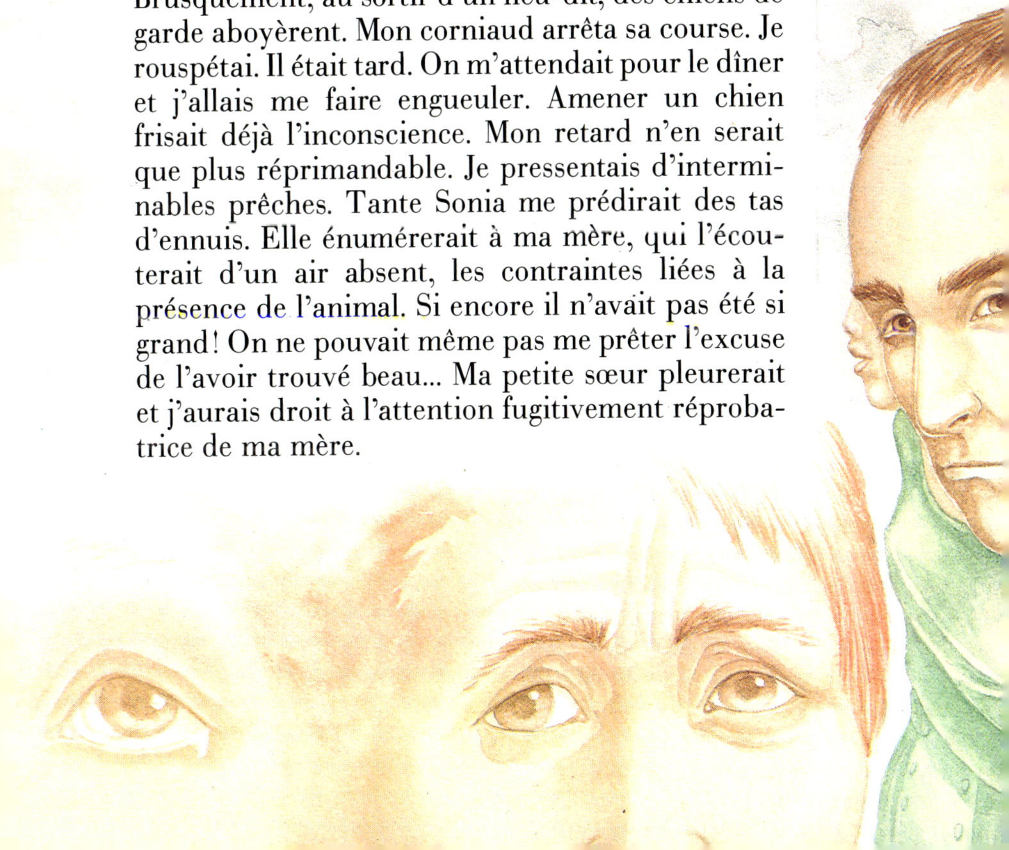

I moved forward. The dog did not move.
I called out to him that I was leaving.
He looked at me for a long time.
Then he strained his ears towards all the strange sounds coming from the isolated houses, the forest, the wheatfield...
I peddled on a bit more, sure that he would follow me. Where else could he go but to follow my now familiar trail?
He hesitated.
I called him, again trying out all sorts of names on him. With no effect. Once again, he looked at me for a long time.
I knew that all I had to do was to go back, to say a few encouraging words to him and he would follow me freely. I already had the beginnings of a power woven out of affection, authority, gratitude, early habits... And the very idea of that power made me feel sick. Suddenly, I decided to leave it to fate that had brought us together and could just as easily release us from these too recent ties.

J'avançai. Le chien demeura immobile.
Je lui criai que je partais.
Il me regarda longuement.
Puis il dressa les oreilles vers tous les bruits étrangers qui parvenaient des maisons isolées, de la forêt, du champ d'avoine...
Je pédalai encore un peu, persuadé qu'il me suivrait. Où irait-il ailleurs que sur mes traces devenues familières?
Il hésita.
Je l'appelai, criant en vrac les noms qui ne lui allaient toujours pas. Encore une fois, il me contempla longuement.
Je savais qu'il me suffisait de revenir en arrière, de lui dire quelques mots engageants pour qu'il me suivît sans contrainte. J'avais déjà sur lui l'amorce d'un pouvoir tissé d'affection, d'autorité, de reconnaissance, d'habitudes naissantes... Et l'idée même de ce pouvoir me donna la nausée. Soudain, je décidai de laisser agir le hasard qui nous avait mis en présence et qui pouvait bien nous défaire de ces liens ténus, trop récents.

I leaned on my pedals, one push, then two... Further on, looking back, I saw him turn around and return the way he had come. I watched him disappear. Then I made for the house.

After about a hundred metres, I was overcome with regret. I hoped he would change his mind, that he would know how to find my tracks again and come in a roundabout way through the tall grass to join up with me at the main door.

I found everyone in the garden.

In whispers, I told my little sister that we had almost had a dog. Her cries of joy drew everyone's attention. My mother smiled. Aunt Sonia pronounced each of the sentences I had anticipated. As for my father, whose eyes were roving over Miss Weber's breasts like a golfcourse, he said, absent-mindedly:

— Why didn't you bring him here for me to have a look at him? He might have made a good guard-dog...

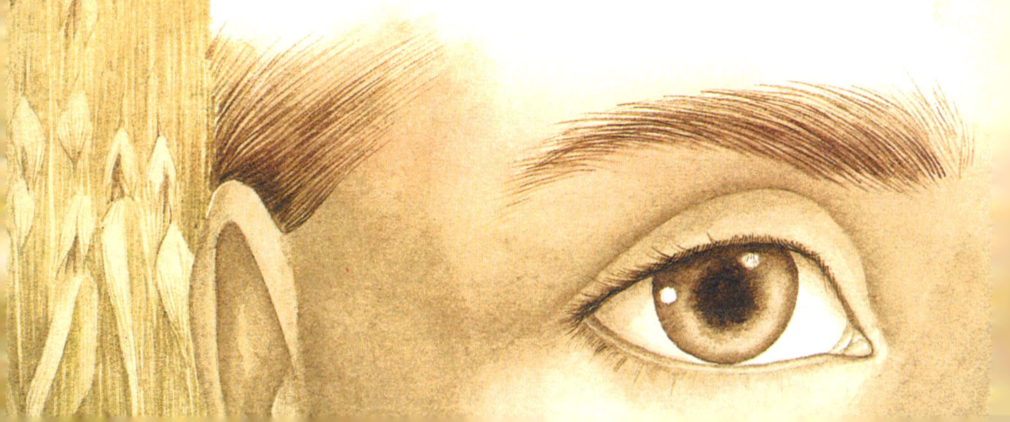

J'appuyai sur mes pédales, un coup, puis deux... Plus loin, en me retournant, je le vis inverser sa route et repartir dans l'autre sens. Je le regardai disparaître. Puis je m'en fus vers la maison.

Au bout d'une centaine de mètres, le regret m'étreignit déjà. J'espérai qu'il changerait d'avis, qu'il saurait deviner ma trace et me rejoindre au portail par des voies détournées, entre les hautes herbes.

Je retrouvai tout le monde au jardin.

En chuchotant, je confiai à ma petite sœur que nous avions failli avoir un chien. Ses cris de joie attirèrent l'attention générale. Ma mère sourit. Tante Sonia prononça chacune des phrases que j'avais prévues. Quant à mon père, les yeux parcourant les seins de Mademoiselle Weber comme un terrain de golf, il prononça, distraitement :

— Pourquoi ne l'as-tu pas amené jusqu'ici? J'aurais pu voir s'il pouvait faire un bon chien de garde...

I remembered my twit of a dog, his circumflex eyes, his rough hair, and I tried to imagine him in the middle of all these people. Stifling a laugh, I decided that really I had nothing to tell them, nothing to share with them, nothing to expect from them in leading my life.

My little sister slipped her hand into mine. I let her take me down to the river where I answered all her questions about my encounter with the evening dog. I was sad and happy to feed her illusion and to let her believe that we could find him again. Of us all, she was without doubt the only one still to keep, intense, intact, fragile and transparent, the ability to dream.

* ENA: National Administration School.

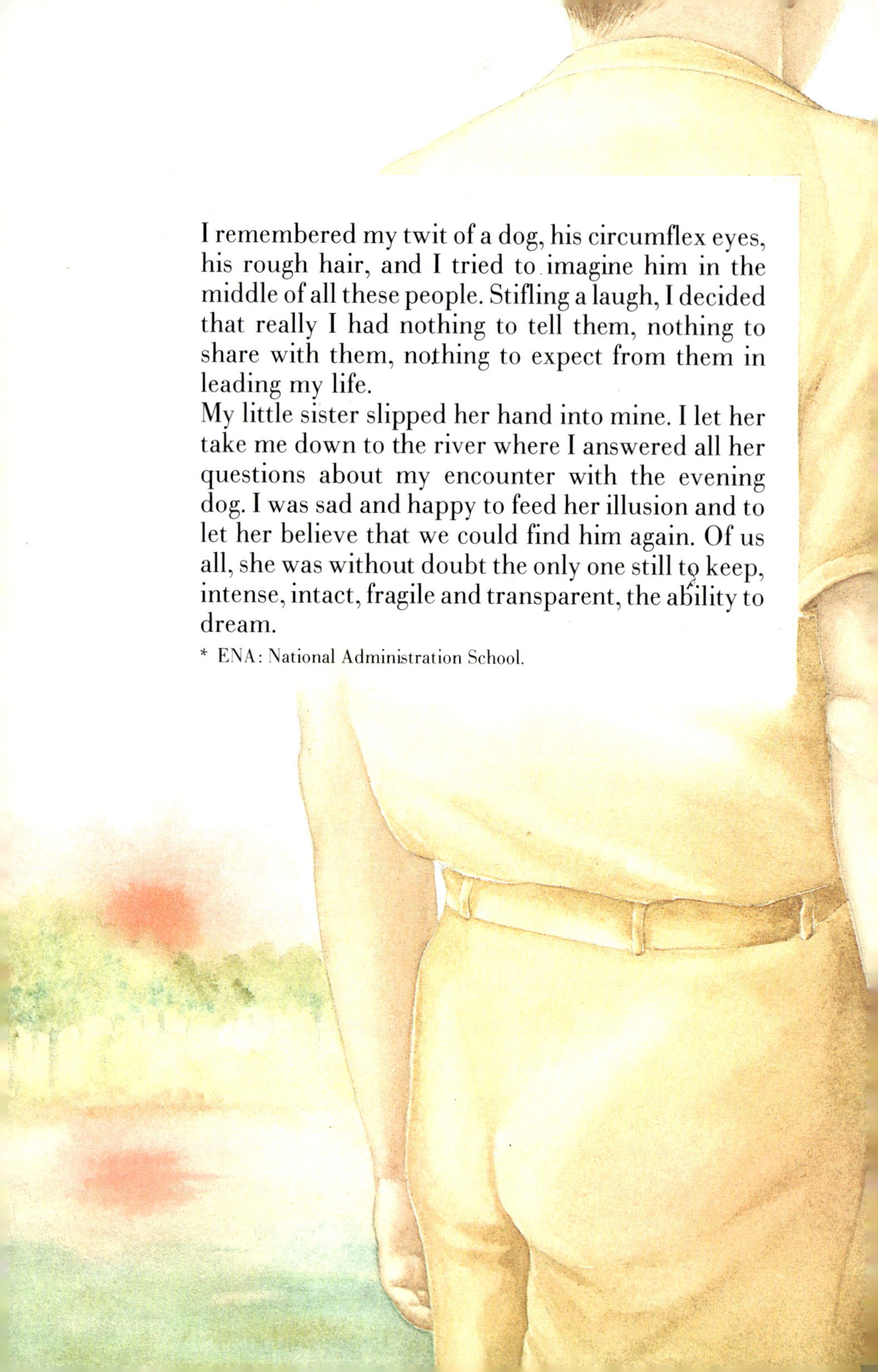

J'évoquai mon corniaud, ses pauvres yeux circonflexes, son poil rugueux, et tentai de l'imaginer au milieu de ces gens. Etouffant un rire, je songeai que, décidément, je n'avais rien à leur raconter, rien à partager avec eux, rien à attendre d'eux pour inventer ma vie.

Ma petite sœur glissa sa main dans la mienne. Je me laissai entraîner par elle au bord de la rivière où je répondis à toutes ses questions sur ma rencontre avec le chien du soir. J'étais triste et heureux de nourrir son illusion et de lui laisser croire que nous pourrions le retrouver. De nous tous, elle était sans doute la seule à posséder encore, dense, intact, fragile et transparent, le pouvoir de rêver.

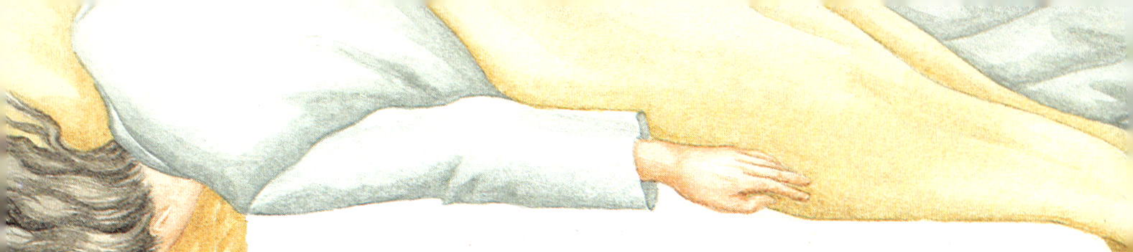

Birds at the break of day

In winter, it was still dark when my father and I went together to the terminus of our line to catch the RER*. With the other early morning old hands, we seemed like silent ghosts hurrying along, racked by indefinable or, on the contrary, very specific anxieties. No one spoke. Some went back to sleep as soon as they had sat down, as if to make up for a bad night.

My mother always woke us on her return from night duty at the hospital. She shook me several times. I decided to move only when she began to get angry. Then I would hear her getting breakfast ready with noisy irritability: milky coffee, hot chocolate and buttered toast I would never have the time to swallow before leaving. I clung on to sleep, to the last snatches of my dreams, before allowing myself to be dragged reluctantly towards a reality which I found far from exciting. Afterwards, I had just a few minutes in which to hop into my jeans, sweatshirt, trainers and slip on my jacket. My father was already grousing near the lift door:

— Well... are you coming?

Outside, we walked side by side, in silence, at a brisk pace, in the rain, the fog or the crisp, clear air, depending on the day. There was no question of missing the 6.55. My old man would throw a fit. There was no chatting. Anything I might have to say about my mates, my guitar, our intention of forming

Les oiseaux du point du jour

L'hiver, quand mon père et moi prenons ensemble le RER, au terminus de notre ligne, il fait encore très sombre. Avec les autres bourlingueurs du petit matin, nous avons l'air de fantômes muets, pressés, tenaillés d'inquiétudes indéfinissables ou, au contraire, très précises. Personne ne parle. Certains se rendorment sitôt assis afin d'achever une nuit incomplète.

C'est ma mère qui nous réveille en revenant de son service de nuit, à l'hôpital. Elle me secoue plusieurs fois. Je ne me décide à bouger que lorsqu'elle se met en colère. Alors, je l'entends préparer le petit déjeuner avec une nervosité bruyante : café au lait, chocolat et tartines de pain grillé que je n'aurai jamais le temps d'ingurgiter avant de partir. Je m'accroche au sommeil, aux dernières bribes de mes rêves, avant de me laisser tirer à contrecœur vers une réalité qui ne m'excite pas. Ensuite, j'ai tout juste quelques minutes pour sauter dans mon jean, mon sweat, mes baskets, et pour enfiler mon blouson. Mon père bougonne déjà près de la porte de l'ascenseur :

— Alors... tu viens ?

Dehors, nous marchons côte à côte, en silence, d'un pas rapide, sous la pluie, dans le brouillard, ou dans l'air vif et clair, selon les jours. Pas question de rater le train de 6 h 55. Mon vieux en ferait une maladie. On ne bavarde pas. Tout ce que j'aurais à dire sur mes copains, ma guitare, notre intention de monter

a group next autumn, only annoyed him. I could already hear him saying: "You'd do better to stick to your studies!"

At Châtelet station we went our separate ways. On the platform he looked at me with, all of a sudden, in his eyes an unexpressed tenderness that embarrassed me. Then he was swallowed up by a corridor leading to another line that would take him to the northern suburbs. Every day he crossed Paris and a part of its outskirts underground, without seeing anything. Did he still know that above the swishing carriages and the oozing vaulted rooves stood the Eiffel Tower, Notre-Dame, the Concord obelisk and the Opera? And yet, I remember when I was a little boy, he often took me to the cinema. Afterwards, we would walk along the Champs-Élysées. He would always say: "Paris IS beautiful!"

And he would treat me to a triple ice-cream on the terrace of a café.

Now, I could afford to linger a bit. My classes didn't begin until eight o'clock and were only a few stops away. So I strolled along the corridors, watching the first hawkers set up their trestle tables on which they displayed watches, cheap, trashy jewellery, combs, hairclips, sunglasses, exotic fruits... Some of them recognized me through having seen me so often. We would have a natter. Never anything very much.

This particular morning, near the exit leading to my school, I heard an unusually festive tune being

un groupe à la rentrée prochaine, ne ferait que l'agacer. Je l'entends déjà d'avance: « Tu ferais mieux de t'accrocher à tes études ! »

Nous nous séparons à Châtelet. Sur le quai, il me regarde avec, soudain, dans les yeux, une tendresse inexprimée qui me gêne. Ensuite, il s'engouffre dans un couloir de correspondance pour prendre une autre ligne qui le mènera vers la banlieue Nord. Chaque jour, il traverse ainsi tout Paris et une partie de sa périphérie, sous terre, sans rien voir. Sait-il encore qu'au-dessus des wagons chuintants et des voûtes suinteuses se dressent la tour Eiffel, Notre-Dame, l'obélisque de la Concorde, l'Opéra? Pourtant, je me souviens, lorsque j'étais petit garçon, il m'emmenait souvent au cinéma. Ensuite, on se baladait sur les Champs-Élysées. Il s'exclamait toujours : « C'est beau, Paris ! »

Et il m'offrait une triple glace à la terrasse d'un café.

Maintenant, j'ai le temps de traîner un peu. Mes cours ne commencent qu'à huit heures, à quelques stations de là. Alors, je flâne dans les couloirs. Je regarde les premiers marchands ambulants installer leurs tréteaux où ils étalent montres, bijoux de pacotille, peignes, barrettes, lunettes, fruits exotiques... Certains me reconnaissent à force de me voir. On taille une petite bavette. Ça ne va jamais très loin.

Ce matin, près de la sortie qui mène à mon collège, j'entends un air de fête inhabituel. Pas une musique,

played. Not really music, rather a kind of joyful cacophony, syncopated and interspersed with throat noises half-way between laughing and singing. I hurried forward and saw a bloke, sitting on the ground beating tom-toms. He was as black as ink and looked full of fun. His tossing head set a host of small plaits with tiny bells at the end dancing and, on each of his shaking shoulders, there was a bird, the like of which I'd never seen. One was blue with a purple crest, the other, golden with green rings around the eyes. A huge straw hat, decorated with pom-poms, upturned in front of him, turned and swayed like a spinning top. A few small coins jingled inside it. At this hour, no one, except me, stopped. I listened to him, I looked at him... and what struck me, more than what he was playing, more than his costume and the strange birds, was his gaiety. He appeared not to have noticed me, carried away by the swell of his rhythms and by some inner vision that lit up the walls with a rising lava sun that trickled the length of the escalator.

What is more, today the dawn pleased me. Paris is sometimes covered by broad, beauty-filled skies that one does not take the time to gaze at. Myriads of clouds reflected in glass towers speaking to one another. A play of moving mirrors.

I arrived early at school. Soon afterwards, Stef joined me on his moped. With rather too much enthusiasm, I told him about the black man and the birds. He replied:

vraiment... Plutôt une sorte de cacophonie joyeuse, syncopée, entrecoupée de bruits de gorge à mi-chemin du rire et du chant. Je presse l'allure et j'aperçois un type, assis à même le sol, tapant sur des tam-tams. Il est noir d'encre et hilare. Sa tête en mouvement fait valser une foule de petites nattes terminées par des clochettes et, sur chacune de ses épaules tressautantes, se tient un oiseau comme je n'en ai jamais vu. L'un est bleu, huppé de mauve. L'autre doré, aux yeux cerclés de vert. Un immense chapeau de paille, orné de pompons, renversé devant lui, tourne et se balance comme une toupie. De la menue monnaie tinte à l'intérieur. A cette heure-ci, personne ne s'arrête, sauf moi. Je l'écoute, le regarde... et, plus que ce qu'il joue, plus que son accoutrement et ses oiseaux étranges, ce qui me frappe, c'est sa gaîté. Il semble ne pas me remarquer, emporté par la houle de ses rythmes et par quelque vision intérieure qui fait éclater les murs, poindre un soleil de lave dégoulinant le long de l'escalier roulant.

D'ailleurs, aujourd'hui, l'aube me plaît. Paris offre parfois de larges ciels pleins de beauté que l'on ne prend pas le temps d'observer. Multipliés par les tours de verre, les nuages se répondent. Jeux de miroirs mouvants.

J'arrive en avance au collège. Stef me rejoint en mobylette peu après. Je lui parle du Noir et des oiseaux avec un peu trop d'enthousiasme. Il me répond :

— You're nuts! There are guys like that everywhere...
After a very boring morning of lessons, I wanted to show him my discovery, just to prove to him that this was no ordinary street musician. But the corridor in the underground was empty. Or rather, it was full of people. The birds had disappeared, and with them, the black man with the small bells in his hair and the large pompommed hat.
The next day, my mother didn't have to shake me. I got up fast. I was the one who hurried my father to the station where we took the same train as usual. At Châtelet, he smiled at me:
— Meeting a girl?
I said "yes" so as not to have to explain the unexplainable. I wanted to see the black man and his birds again. I wanted to listen to him, to talk to him...
The train hauled from station to station people who were already exhausted even though the day was just beginning. Women who had barely had time to comb their hair, some of whom were now putting on makeup shakily with the aid of a handbag mirror. Men with chapped hands. Office workers, students, schoolgoers, already deep in their books. Old women worn out running from one social welfare office to another seeking support. Out-of-work men living on dole money that was about to be cut off, trailing with them their bundles of belongings and their sprouting beard. Gentle, incurable madmen talking to themselves, raising a smile among those who had not yet joined their ranks.

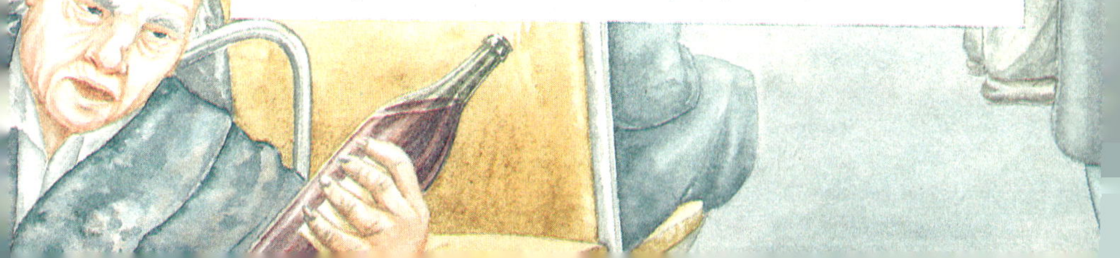

— T'es givré ! Des types comme ça, y'en a partout...
Après une matinée de classe très ordinaire, je tiens à lui montrer ma découverte, histoire de lui prouver qu'il ne s'agit pas d'un musicien des rues comme les autres. Mais le couloir du métro est vide. Ou plutôt, il est plein de gens. Les oiseaux ont disparu. Le Noir aussi, avec ses cheveux à clochettes et son large chapeau à pompons.
Le lendemain, ma mère n'a pas besoin de me secouer. Je me lève en hâte. C'est moi qui presse mon père vers la gare où nous prenons le même train que d'habitude. A Châtelet, il me sourit :
— Tu as rendez-vous avec une fille ?
Je dis « oui » pour ne pas avoir à expliquer quelque chose d'inexplicable. Je veux revoir cet homme noir et ses oiseaux. Je veux l'écouter, lui parler...
Le métro traîne de station en station des gens harassés dès le matin. Femmes hâtivement coiffées dont certaines achèvent un maquillage tremblant devant une petite glace de poche. Hommes aux mains gercées. Employés de bureau, étudiants, lycéens, déjà plongés dans leurs classeurs. Vieilles exténuées courant de bureau d'aide sociale en service de solidarité. Chômeurs en fin de droits traînant leur baluchon et leur barbe naissante. Doux cinglés irrécupérables qui parlent seuls et font sourire ceux qui ne leur ressemblent pas encore. Cinglés plus inquiétants qui tapent du pied contre les bancs, arrachent les affiches comme autant de provocations au désarroi, au dénuement.

More disturbing madmen, beating their feet against the benches, tearing down posters, as much a provocation to helplessness as to destitution.
Today I felt seized by an absurd, impotent love for them.
Suddenly, the black man — mine! — entered the compartment. He was wearing his huge pompommed hat on his braids with bells at the end, his arm was around his tom-toms and the birds of paradise perched on his shoulders. He was there, in our midst, like one of the Three Wise Men, and no one stirred. Opposite me, a woman knitting. A few men reading their newspapers. A dream had come into this compartment and everyone was doing their best not to see, refusing to be taken by surprise. Posters of distant isles held out the promise of inaccessible travel to sore eyes. Laughter from paper girls rang out silent and wooden in the emptiness. But let an extraordinary guy, wearing an amazing hat and carrying birds of paradise come into our lives, and no one raises their eyes.
He got off. I followed him... He went to the same corridor as before, not far from the exit that led to my school. His hat became a spinning top again. His flamboyant birds strutted about on his shoulders. And he played and played... until one forgot the narrow walls hemming us in, the obscene graffiti, the insolent slogans and the dripping rain outside. He stopped for a while. I tried to talk to him. Making a gesture with both hands, he showed that he could neither understand nor answer me.

Aujourd'hui, je me sens pris pour eux d'un amour absurde, impuissant.
Soudain le Noir, le mien! entre dans le wagon. Il porte son immense chapeau à pompons sur ses nattes à clochettes, ses tam-tams sous ses bras arrondis et ses oiseaux de paradis sur les épaules. Il est là, au milieu de nous, comme un roi mage, et personne ne bronche. En face de moi, une femme tricote. Quelques hommes lisent leur journal. Un rêve vient d'entrer dans ce compartiment, et chacun s'obstine à ne pas le voir, à ne pas avoir l'air de se laisser surprendre. Des affiches d'îles lointaines suggèrent des voyages inaccessibles aux regards fatigués. Des filles de papier lancent des rires silencieux et figés dans le vide. Mais qu'un type insolite, coiffé d'un invraisemblable chapeau et porteur d'oiseaux de paradis, passe dans notre vie, et aucun d'entre nous ne lève les yeux.
Il descend. Je le suis... Il s'installe dans le même couloir, pas loin de la sortie qui mène à mon collège. Son chapeau fait toupie. Ses oiseaux, flamboyants, paradent sur ses épaules. Et il joue... il joue... jusqu'à l'oubli des parois étroites qui nous étreignent, des graffitis obscènes, des slogans insolents et de la pluie qui goutte au-dehors. Il fait une pause. J'essaie de lui parler. D'un geste des deux mains, il me fait signe qu'il ne peut ni me comprendre ni me répondre.

Since then, every day I stop beside him to look and listen for a while. We learned how to talk to one another in sign language. The winter passed... He sometimes lent me his birds which climbed onto my head. I felt their claws sink into my hair and it gave me the feeling I was going to be plucked from the earth and carried off to who-knows-where...
Late spring turned into a hesitant summer, the end of the school year was drawing closer. I had a terrible report to take home and a verdict against which there was no appeal: I had to repeat the whole year.
— What's the point of bleeding ourselves white to send you to that school ever since you were kicked out of the local one? my father yelled.
My mother went one better. She had had enough of grovelling before all kinds of teachers and heads of schools.
— You will spend the summer at my sister's. She needs a spot of help in her village shop. That will perhaps knock some sense into you, she said wearily.
Last day of term. Final farewell to my mates. Stef was going to work in an uncle's garage. Loïc and José, more fortunate, were going on holiday with their families.
— Try to play your guitar a bit in the evenings while you're buried in the country, Loïc called out to me before leaving. We really must get our group going when we get back.
On my way home, I stopped in front of my singer-birdman. I looked rather grim, so he let himself go

Depuis, je m'arrête chaque jour près de lui pour le regarder et l'écouter un instant. Nous avons appris à échanger quelques mots assortis de signes. L'hiver passe... Il me prête parfois ses oiseaux qui grimpent sur ma tête. Je sens leurs griffes s'enfoncer dans mes cheveux et me donner l'impression que je vais être arraché à la terre, emporté je ne sais où...
De printemps tardif en été hésitant, la fin de l'année scolaire approche. Je rapporte à la maison un bulletin de notes exécrable et un verdict sans appel: redoublement.
— A quoi bon s'être saigné aux quatre veines pour te mettre dans cette école depuis que tu t'es fait virer du lycée du quartier? hurle mon père.
Ma mère renchérit. Elle en a marre d'aller ramper devant les profs et les directeurs de tout poil.
— Tu passeras l'été chez ma sœur. Elle a besoin d'un coup de main dans son épicerie de campagne. Ça t'apprendra peut-être le sens des réalités, déclare-t-elle d'un ton las.
Dernier jour de classe. Dernier adieu aux copains. Stef travaillera chez un oncle garagiste. Loïc et José, plus chanceux, partiront en vacances en famille.
— Tâche de gratter ta guitare, le soir, dans ta cambrousse! me lance Loïc avant de s'en aller. A la rentrée, on va vraiment le monter, notre groupe!
En repartant, je m'arrête devant mon chanteur-oiseleur. J'ai l'air plutôt sinistre. Alors, il se

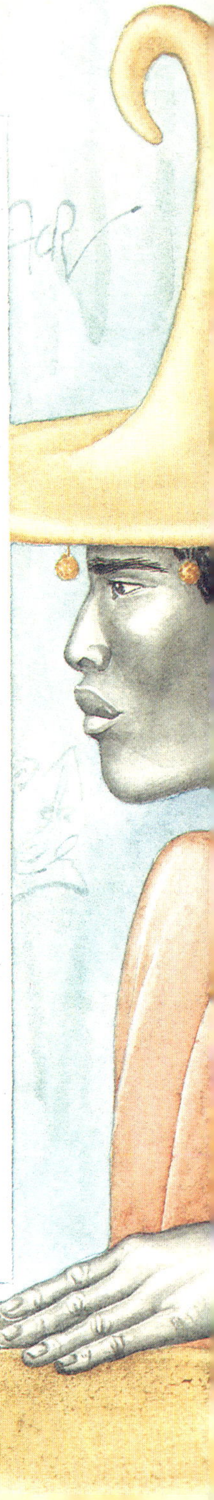

on his drums... I got him to understand that I had to go away and that we would not be seeing one another for a while. A cowardly sadness drew me towards the platform. After a few steps, I heard the sound of the musician's birds fluttering their wings on his shoulders and the tinkling of tiny bells. Then, a tune played very gently on the tom-toms, a muted heartbeat, rose in the corridor. A farewell without words.

I spent the whole summer with my aunt. The grocery shop/café was alongside a fairly noisy road. But the house, behind, stretched out lengthwise along a large sloping meadow that faded gently to the river. At nightfall, I liked to sit on the forgotten, old, rotting bench on the river's edge. I watched the alders lean their shaggy branches over the ripples and between soggy tufts, I lay in wait for a moorhen to appear. I had seen one, quite pretty, almost black, with a red beak, which showed itself in all its finery before fleeing, squawking with fake terror.

The young people of the village did not mix much. I was a Parisian. They were suspicious of me. I often saw them, hanging around their mopeds, hostile, and I did not dare to approach them. Besides, I wanted to be alone. I felt close to Nature, but here, the world seems remote. I am of that huge, savage city. And that is where my life is, even if I do not yet know which. I thought of my friends, of the group we would form next year... I thought of all those people I would come across again in the

déchaîne sur ses tam-tams... Je lui fais comprendre que je dois m'en aller et que nous ne nous reverrons pas avant quelque temps. Une lâche tristesse m'aspire vers les quais. Au bout de quelques pas, j'entends les oiseaux battre des ailes sur les épaules du musicien et les clochettes tinter au bout de ses nattes. Puis, un air de tam-tam très doux, battement de cœur assourdi, s'élève dans le couloir. Adieu. Sans paroles.

Je passe tout l'été chez ma tante. L'épicerie-café borde une route assez bruyante. Mais la maison, derrière, s'étire tout en longueur sur un pré mourant en pente douce vers une rivière. J'aime m'asseoir à la tombée du jour sur le vieux banc pourri oublié sur la berge. Je regarde les aulnes pencher leurs branches hirsutes sur les flots et je guette, entre les touffes moites, la présence d'une poule d'eau. J'en ai repéré une, assez jolie, presque noire, au bec rouge, qui se montre parfois avec coquetterie avant de s'enfuir en poussant de petits cris faussement effarouchés.

Les jeunes du village ne me fréquentent pas. Je suis un Parisien. Ils se méfient... Je les vois souvent, agglutinés autour de leurs mobylettes, l'air hostile, et je n'ose les aborder. D'ailleurs, j'ai envie d'être seul. La nature m'est proche. Mais le monde, ici, m'est lointain. Je suis de cette ville monstrueuse, féroce. Et c'est là qu'est ma vie, même si je ne sais pas encore laquelle. Je pense à mes copains, au

underground, travellers without a journey. I thought of my one Wise Man when, suddenly, I had an idea... Why hadn't I thought of it earlier? Too obvious, perhaps, too close to me... My musician would be one of us! Our group would swing and sway to the spinning of his hat and his tom-tom playing...

On the first day of the new term, my mother no longer needed to force me to get up. My father no longer asked me if I had a date with a girl. I rushed to the exit that led to my school...

The birdman was not where he used to be. Silence, prevented from being a real silence by the sound of steps and the humming of the escalator, had returned. I turned around, looked down other corridors: Out of breath, I ended up on a platform, slumped onto a seat, silent and grey like everyone around me.

Then I caught sight of them. They appeared from out of the thick shadow of a tunnel, their wings unfurled. One was blue with a purple crest, the other golden, with green rings around the eyes. They circled round me, sunk their claws into my hair, caressed my cheeks with their forehead under the, at last, surprised stares of the waiting passengers. Then they took off again into the gloomy, murky warmth. Perhaps they would populate the underground city with other birds of paradise. Would there soon be hundreds of them, and would they, in silence, light up the tired eyes of my break-of-day companions?

* RER (Réseau Express Régional): Parisian express commuting railway.

groupe que nous formerons l'année prochaine... Je pense à tous ces gens que je croiserai encore dans le métro, voyageurs sans voyage. Je pense à mon roi mage... Et soudain, l'idée me vient... Pourquoi ne l'ai-je pas eue plus tôt? Trop évidente, peut-être... trop proche de moi... Mon musicien sera des nôtres! Il fera tanguer notre groupe sur un tourbillon de chapeau et quelques échos de tam-tam...

Le jour de la rentrée, ma mère n'a pas besoin de me secouer pour me forcer à me lever. Mon père ne me demande plus si j'ai rendez-vous avec une fille. Je fonce vers la sortie qui mène à mon collège...

L'oiseleur-chanteur n'est pas à sa place. Le silence s'est installé, empêché d'être un véritable silence par les bruits de pas et le ronronnement de l'escalier mécanique. Je retourne en arrière, cherche dans d'autres couloirs... Haletant, j'aboutis à un quai, m'affale sur un banc, muet et gris, comme tout le monde autour de moi.

C'est alors que je les aperçois. Ils surgissent de l'ombre densc du tunnel, ailes déployées. L'un est bleu, huppé de mauve. L'autre doré, aux yeux cerclés de vert. Ils tournent autour de moi, plantent leurs griffes dans mes cheveux, caressent mes joues de leur front sous les regards enfin étonnés des passagers en attente. Puis ils repartent dans l'obscurité aux tiédeurs troubles. Peut-être peupleront-ils la ville souterraine d'autres oiseaux de paradis? Peut-être seront-ils bientôt des centaines et allumeront-ils en silence les yeux fatigués de mes frères du point du jour?

Henri Gougaud describes himself as a man of words and of writing. A radio man, a lyric writer who sings his texts, an author who tells his tales, a writer of imagination and humour, he detests mockery and despair. He has published several novels for the Éditions du Seuil. This short story is one of a rich, colourful collection to be published later.

Claude Clément spent her early childhood in the Atlas. She owes her liking for telling stories to this upbringing in a magical setting, surrounded by storytellers, one of whom was her own grandmother. As well as singing in cabarets and putting on shows, she also translates from Czech and Slovak.

Isabelle Forestier, after a good grounding in the visual arts, became initiated into the technique of etching. Having specialised in illustrating, she now seeks to express dream-like tales and to reveal the interior truth of characters through her illustrations.

Henri Gougaud se définit comme un homme de paroles et d'écriture. Homme de radio, parolier qui chante ses textes, auteur qui dit ses contes, écrivain d'imagination et d'humour, il déteste la dérision et le désespoir. Il a publié aux éditions du Seuil plusieurs romans. La nouvelle de ce recueil fait partie d'un ensemble riche et coloré, qui sera publié ultérieurement.

Claude Clément a passé sa petite enfance dans l'Atlas. C'est à cette enfance dans un milieu magique, entourée de conteurs et d'une grand-mère qui ne l'était pas moins, qu'elle doit son goût de raconter des histoires. Elle chante dans des cabarets et anime des spectacles. Elle est aussi traductrice de tchèque et de slovaque.

Isabelle Forestier, après une solide formation en arts graphiques, s'initie à la technique des eaux-fortes. Spécialisée actuellement dans l'illustration, elle souhaite illustrer des récits oniriques et rendre la vérité intérieure des personnages.

Maquette de couverture: Gérard Lo Monaco

N° éditeur: 628

Achevé d'imprimer par
LITOPRINT, S.A. Fuenlabrada (Madrid)
au 1er trimestre 1991
IMPRIMÉ EN ESPAGNE